CHAOSLIEBE MEINER ORDNUNG

Wundertütenpoet

VON

TINA HÜSCH

DIE MÖGLICHKEITEN
VON TOHUWABOHU UND POESIE

Bibliografische Information der Deutschen Nationalbibliothek: Die Deutsche Nationalbibliothek verzeichnet diese Publikation in der Deutschen Nationalbibliografie; detaillierte bibliografische Daten sind im Internet über dnb.dnb.de abrufbar.

Foto: Katharina Nix

ISBN: 9783755781080

Herstellung und Verlag: BoD – Books on Demand, Norderstedt

ABOUT ME

Wenn ich mich so recht ärgere, dann ist Rumpelstilzchen ein Nichts gegen mich.

Doch wenn ich mich freue, dann lachen die Sterne und der Mond.

So lebt in mir der Kontrast, der immer wieder ein wildes Chaos erschafft.

Er beinhaltet alle Gefühle dieser Welt und nur durch ihn kann ich das tiefe Glück spüren und die wahre Freude des Lebens finden.

So bin ich die mit den Glöckchen im Haar und den klimpernden Reifen am Arm, die immer zehn Stifte in den Taschen ihrer Second-Hand-Klamotten spazieren trägt und sich über das Spiegelbild eines Regenbogens in jeder Pfütze freut.

Ich mag alles Alte mit seiner eigenen Geschichte und bin mir sicher, dass nur aus funkelndem Chaos etwas Wundervolles entstehen kann.

Denn nur dort, wo Chaos lebt, kann man auch Phantasie und Kreativität finden.

Komm mit und lass Dir zeigen, wie aus Chaos der Sinn Deines Lebens entstehen kann.

Hab viel Freude dabei, wenn die Chaosliebe in Dir geweckt wird und Du bemerkst, dass Du die Sterne, nach denen Du gegriffen hast, bereits in den Händen hältst.

FÜR DAS

TOHUWABOHU

MEINER ORDNUNG ...

Für alle,

die das Chaos in ihrem Leben nicht scheuen

und immer das Licht am Horizont erkennen.

Für Dich,

weil Du weißt, dass in jedem Chaos

eine neue Ordnung versteckt ist,

die nur darauf wartet, geweckt zu werden!

INHALT

EINBLICK, EINSICHT, ERKENNTNIS ...

Überall im Leben kann man Chaos finden, mal im Kleinen, mal im Großen ... mal im Innen, mal im Außen.

Das Chaos ist überall und wartet nur auf seine Gelegenheit, dem Tohuwabohu freien Lauf zu lassen.

Doch schaut man sich das Chaos genauer an und betrachtet es nicht nur oberflächlich, dann ist Chaos fast immer ein wundervoller Vorbote einer neuen Ordnung und eines neuen Anfangs.

Denn jegliche Neuordnung und jede neue Idee kann erst durch das Chaos geboren werden.

Struktur und Lebendigkeit werden dem Leben durch Chaos geschenkt.

Denn gäbe es kein Chaos, dann gäbe es auch keine Struktur.

Man braucht immer ein gegensätzliches Paar, um das Gefühl eines Zustands voll erfassen zu können. Dies gilt im Positiven wie im Negativen, so leben wir von der Gegensätzlichkeit, die es uns erst ermöglicht, jeglichen Zustand vollumfänglich durch seinen Gegensatz erfahren zu können.

Aus diesem Grunde sollten wir uns vor Chaos nicht fürchten, sondern es einladen und willkommen heißen, um mit den Möglichkeiten des Chaos die neuen Chancen für die Zukunft zu besprechen.

Wir sollten neugierig auf das Chaos werden und freudig schauen, was sich alles in ihm verstecken kann, denn kein Chaos kommt zufällig in unser Leben.

In jedem noch so kleinen Chaos steckt für uns die Chance zu wachsen und unserem Selbst wieder ein Stück näher zu kommen.

14

Denn gerade im Chaos liegt die eigentliche Ordnung versteckt.

Alles im Leben beruht auf Ursache und Wirkung. Daher sollten wir genauer hinschauen und uns bewusst machen, dass wir selbst den Fahrplan für unser Leben in der Hand haben, wir müssen nur üben ihn zu lesen und vieles wird für uns so vorausschaubarer werden, da in uns selbst für vieles die Ursache versteckt liegt.

Wenn wir unserem Leben keinen Platz für Chaos bieten, stagnieren wir mitten auf dem Lebensweg, wir bleiben stecken und kommen nicht voran.

Chaos bedeutet immer den Zustand vor dem Schöpfungsakt, den Zustand, den man braucht, um in einen neuen Fluss und zu einer neuen Erkenntnis zu kommen.

Auch wenn es erst dunkel und verworren scheint, so kommt doch wieder ein neuer Tag mit Licht und Leichtigkeit, in dem alle Möglichkeiten versteckt liegen und nur darauf warten, von uns gefunden zu werden.

Infolgedessen wäre es so schön, wenn wir alle unsere Angst und Furcht vor dem Chaos ablegen könnten, denn im Grunde genommen ist es nur der Vorbote einer neuen, besseren und schöneren Ordnung, die uns in unserem Leben erwartet.

Jedes Chaos ist eine Art kleine Lebensprüfung, die man im Fluss des Lebens bestehen muss, damit man das Spiel des Lebens auf der nächsthöheren Stufe weiterspielen kann.

Chaos macht uns kreativ und erfinderisch, es weckt unsere Schaffenskraft, die Bequemlichkeit des heimatlichen Sofas zu verlassen, um die Welt noch einmal mit ganz anderen Augen zu sehen und den tieferen Sinn unseres Lebens zu suchen.

Es fordert uns auf, mit mehr Leichtigkeit das Leben zu betrachten und alte Sichtweisen abzulegen, um die neuen Chancen nicht ungenutzt vorbeiziehen zu lassen.

Es hält uns jung und flexibel, damit kein Starrsinn in unserem Leben Platz findet.

Chaos bringt uns zum Nach- und Umdenken, es schenkt uns Ideen und lässt uns spontan und offen für Neues werden; wenn wir uns auf das Spiel des Chaos einlassen und lernen, es meisterlich zu spielen, werden wir der Designer unseres eigenen Lebens werden.

Manchmal ist es wichtig, seine alten Ansichten über das Leben zu verlieren, damit es Platz gibt für eine neue Sicht und Ordnung der Dinge.

Man muss seinen alten festgefahrenen Standpunkt erst verlassen, um einen neuen Horizont erkennen zu können, und oft ist zwischen Alt und Neu ein heilloses Durcheinander, das einem Haufen loser Enden gleicht.

Diese Enden wollen von uns mit einer neuen Ordnung und Wertigkeit versehen werden, die darin verborgenen Möglichkeiten wollen erkannt und genutzt werden, um in unserem Leben eine neue Geschichte schreiben zu können.
Dadurch kann Chaos uns von allzu festgefahrenen Ansichten erlösen und gibt uns die Freiheit, die eigene Weltsicht zu überdenken und zu verändern.
Chaos ist kein Zustand, der Regeln folgt, Chaos bringt vielmehr neue Regeln mit sich. Es ist unmöglich, mittendrin ein enges Muster zu erkennen, oft muss man sich treiben lassen, um zu einer neuen Klarheit und Vorstellung von den Dinge zu gelangen. Der Fluss des Lebens nimmt uns buchstäblich mit und gestaltet alles neu.
Der Fluss spült uns in ein Meer der Möglichkeiten, die von den Menschen erkannt werden, die offen und ohne Angst der Zukunft entgegenblicken.
Diejenigen jedoch, die sich angstvoll an die Vergangenheit klammern und nicht loslassen wollen, müssen aufpassen, dass sie nicht ertrinken.

So ergibt sich die Tatsache, dass man Chaos mit keiner theoretischen Formel beschreiben oder gar berechnen kann. Das Chaos ist und bleibt sein eigener Herr, denn sonst wäre es kein Chaos mehr.

Deshalb ist das totale Chaos für die „Chaosforschung" im Prinzip uninteressant – sie interessiert sich vielmehr für die Ordnung im vermeintlichen Chaos, oder besser ausgedrückt, für die Neuordnung, die das Chaos mit sich bringt und die überhaupt erst möglich geworden ist, durch das vorher herrschende Chaos.

Also ist Chaos wie bereits gesagt im Grunde immer nur ein Übergang zu einer neuen Ordnung.

Es liegt an uns allein, diese neue Ordnung auch zu einer besseren Ordnung werden zu lassen, indem wir gestalterisch daran teilnehmen und im Fluss bleiben.

Wir haben dank unseres eigenen Willens und der Kraft unserer Vorstellung einen Gestaltungs- und Handlungsspielraum – egal wie groß das Chaos auch scheint. Wenn wir uns dessen bewusst werden, können wir alles in die von uns gewünschte Richtung steuern, dahin, wo wir die Fröhlichkeit, die Freude und das Glück des eigenen Seins sehen.

Wir müssen uns nur von der Angst des Versagens befreien, von der Angst des Verlierens, die in der Vergangenheit hinter all dem Chaos versteckt gewesen ist. Wir müssen die Magie erkennen, die von einem wundervollen „Durcheinander" ausgehen kann, und unsere ureigene Möglichkeit, sie zu nutzen.

Genieße bewusst die Veränderung Deiner eignen Perspektive, die Deine bewussten und unbewussten Handlungen abwandelt und somit etwas ganz Wundervolles entstehen lässt.

Und genau um diese **Möglichkeit** geht es im Leben:

M – ut
Ö – fter
G – lück
L – eichtigkeit
I – deen
C – hance
H – offnung
K – lar
E – rkennen
I – dentifizieren
T – räume

Wir sollten den **Mut** haben, viel **öfter** das **Glück** genau dort zu suchen, wo wir keines erwarten. Denn dann wird uns die **Leichtigkeit** des Lebens immer wieder neue **Ideen** schenken, in denen die beste **Chance** unseres Lebens schlummern kann. So wird die **Hoffnung** nie ausgehen und wir werden **klar** unseren neuen Weg **erkennen** können und uns damit **identifizieren**, so werden unsere **Träume** wahr werden.

Es ist so wichtig, dass in einem jeden von uns ein wenig Chaos wohnt, das ihn auffordert, kreativ alle Lebensmöglichkeiten auszukosten und etwas Wundervolles aus dem Geschenk des Lebens zu gestalten.

CHAOS IN MIR

Da lebt ein Chaos in mir,
es ist immer hier,
egal wie viel man aufräumt, es geht nicht weg,
doch nur durch seine Existenz kommt man vom Fleck,
so hat es seinen Daseinszweck,
er ist ganz tief in mir versteckt.
Tief in ihm leben die neuen Ideen,
wollen sich von den Wirren des Durcheinanders befreien,
um in der Realität geboren zu sein.
Wenn man sich Zeit nimmt und sucht,
nicht über die innere Unordnung flucht,
wird man so viel Wundervolles finden
und neue Lebensansichten gewinnen.
Komm und freu dich über jedes kleine Chaos,
denn es ist nie aussichtslos.
Lass dich auf es ein,
dann kann es dir behilflich sein,
deinen eigenen Weg zu finden,
die Phantasie mit der Kreativität zu verbinden,
und alle Sorgen werden verschwinden.

So lebe Dein Chaos und freue Dich über seine Möglichkeiten, denn jedes Chaos ist ein Geschenk des Lebens, es ist nur leider unordentlich verpackt.

DAS CHAOS IST EIN WUNDERVOLLES DING, IN IHM STECKT SO VIEL NEUES DRIN. KOMM UND LASS ES ENDLICH RAUS, DANN NEHMEN DIE WUNDER IHREN LAUF. GLAUB FEST DARAN, DANN GEHT ES IMMER NUR BERGAUF.

ERSTER STREICH ...

In meiner Welt gibt es **Kein Verbot**, so kann **Lachendes Chaos** meiner Lebenssehnsucht Ausdruck verleihen, wenn im **Sturm des Lebens** das **Durcheinander Meine Sicht** trübt.

Nur so kann Neues entstehen, wenn **Das Beste** Gefühl die **Chaosliebe** ist, **Chaos, du bist mein Held.**

22

IN MEINER WELT

In meiner Welt bin ich Prinzessin,
Königin und Hofnarr in einer Person.
Ich kenn keinen Hohn,
bin eine Frohnatur,
so kann ich was bewegen,
dafür brauch ich nicht euren Segen,
geh auf meinen eigenen Wegen.
Hab meine Meinung
und will sie nicht: die Angst der Welt,
heb sie nicht auf, wenn sie mir vor die Füße fällt.
Ich hüpf lustig drüber weg
und denk,
davon krieg ich keinen Schreck!

KEIN VERBOT

Am Anfang war alles dunkel,
der Staub am Boden stickig grau,
die Angst im Rücken bleiern schwer,
ach, was hasste ich´s so sehr.
Wollte ich doch wieder das Schöne sehen
und in der Fröhlichkeit spazieren gehen.
Doch dafür muss ich zu mir stehen,
mich mit neuem Mut betanken,
denn nur so lachen meine Gedanken,
dann komm ich auch nicht ins Schwanken
und neue Ideen ranken in meinem Kopf,
bis die Freude wieder anklopft.
So bin ich meines Lebens Meister
und erwecke meine Geister.
Alles kommt wieder ins Lot,
ich bin der Pirat in meinem Segelboot,
am Ende aller Not,
denn von jetzt an gibt es kein Verbot!

LACHENDES CHAOS

Ich mag den Duft von frischem Wind,
dann bin ich wieder ganz ein Kind,
kann das Lachen meiner Seele hören,
lass mich von niemandem mehr stören.
Werde zu neuen Abenteuern fliegen,
alle Ängste schnell besiegen,
meine Träume in den Schlaf wiegen,
damit sie in der Wirklichkeit erwachen
und verrückte Sachen machen,
so wird mein Leben immer lachen
und über mein eigenes Chaos wachen.

LEBENSSEHNSUCHT

Zwei Finger in der Luft
und zwei hinter dem Rücken gekreuzt,
so hab ich meine Seele selbst aufgescheucht,
war ich doch zu oft von mir selbst getäuscht.
Doch das Leben spielt seine Lieder,
die Melodien klingen in mir wider,
in meinem Bauch sind 1000 Flieger.
Muss erst mal wieder meine Mitte finden,
durch Atmen wird es mir gelingen,
so kann ich neue Lieder singen
und meine Hände schweben in der Luft,
weil mich des Lebens Sehnsucht ruft.

STURM DES LEBENS

Trifft das Leben ein Gewitter,
muss die Seele nicht mehr zittern oder gar verbittern,
nur du selbst siehst dich hinter Gittern.
Wenn erst der Sturm aufkommt,
wird der Wind dich in eine neue Richtung tragen,
ohne vorher nach dem Weg zu fragen.
Die Luft wird ganz klar,
neue Träume werden wahr,
du konntest sie vorher nicht sehen,
doch der Sturm hilft dir jetzt, sie zu verstehen,
er kommt auf und zieht dich hinaus,
los, mach was draus!

DURCHEINANDER

Wie schön das Durcheinander leuchtet,
wenn der Wirrwarr scheu wird.
Dann, wenn 1000 Farben über uns vom Himmel fallen
und vor uns niederknallen.
Wenn das Gewirr die Unordnung erkennt
und den Kladderadatsch beim Namen nennt.
Dann hat die Verwirrung gepennt
und die Planlosigkeit ist der Geheimagent.
So läuft mein eigener Hexensabbat, wenn der Tumult
das Lenkrad hat,
was ein herrlicher Salat,
nicht jeder hat eine solche Lotterwirtschaft parat,
in der der Kuddelmuddel tagt
und nach seinem Saustall fragt.

MEINE SICHT

Meine Sonne ist hinter dem Mond,
dort, wo das Mondkalb wohnt,
wo die Wiesen rosa sind
und die Seelen lachen wie ein Kind.
Dort find ich meine Welt so schön,
möge meine Sicht auf die Dinge nie vergehen
und ich ewig alles gut verstehen.

NUR SO KANN NEUES
ENTSTEHEN

Damit etwas Neues entstehen kann,
muss das Chaos einziehen
mit Tagen voller Dunkelheit,
doch mit jedem neuen Blick
kommt das Licht und das Leben zurück.
Es kommen helle Farben, bunte Träume, neues Glück,
alles holt die Chaoswende zurück.
So sei nicht länger bedrückt,
das Leben ist nur ein bisschen verrückt,
doch bei genauerem Hinsehen eigentlich ganz verzückt.

DAS BESTE

Die beste Nacht,
der beste Tag
ist immer der,
nach dem du fragst,
wenn in dir die Hoffnung brennt
und du die Schönheit des Lebens erkennst.

CHAOSLIEBE

Ich liebe mein Chaos
und mein Chaos liebt mich,
so vergisst die Liebe in uns
das Feld der Möglichkeiten nicht.
Kann so alle Wunder staunend sehen
und der Spaß in mir wird nie vergehen.

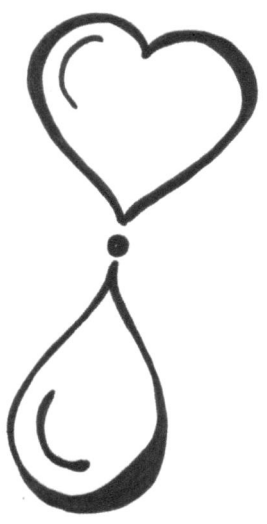

CHAOS,
DU BIST MEIN HELD

Nur dort, wo Chaos ist,
kann eine neue Ordnung entstehen.
Nur dort, wo Chaos wirkt,
werden Träume nie vergehen.
Nur dort, wo Chaos lebt,
hört die Hoffnung nie auf.
Nur dort, wo Chaos wohnt,
nimmt das Leben seinen Lauf.
Hoffentlich hört das Chaos niemals auf!

ERKENNTNISSE DES ERSTEN STREICHS ...

IST es nicht herrlich zu erkennen, dass in jedem Chaos der Zauber eines neuen Anfangs verborgen liegt?
Denke in Deinem Leben zurück und erinnere Dich Stück für Stück.
Schreib dann jedes kleine Chaos nieder, so kommt der Zauber immer wieder.

. . . .
. . . .
. . . .
. . . .
. . . .
. . . .
. . . .
. . . .
. . . .
. . . .
. . . .
. . . .
. . . .
. . . .
. . . .
. . . .
. . . .
. . . .
. . . .
. . . .
. . . .
. . . .

. . . .
. . . .
. . . .
. . . .
. . . .
. . . .
. . . .
. . . .
. . . .
. . . .
. . . .
. . . .
. . . .
. . . .
. . . .
. . . .
. . . .
. . . .
. . . .
. . . .
. . . .
. . . .
. . . .
. . . .
. . . .
. . . .

38

ZWEITER STREICH ...

Wenn man im Sturm des Lebens das Lachen des Chaos hören kann und die positiven Chancen der Veränderung nutzt, wird das Glück einen dauerhaft besuchen.

KOMM, HÖR AUF ZU FLUCHEN, LASS UNS IM WIRRWARR DAS WUNDER SUCHEN.

Man muss **Selbst erkennen, Wofür Narben** gut sein können.
Gib nicht auf, wenn beim **Flaschendrehen Aus unten wird oben,** sieh **Jetzt erst recht! Die Zeit als Freund** an.

So wirst Du **Die Melancholie vertreiben** und das **Damals** kann Dich nicht mehr belasten. Irgendwann sind so **Meine Fehler Alles, was ich vermiss.**

SELBST ERKENNEN

Manchmal kenn ich mich selbst nicht mehr,
das verwackelt meine Seele sehr,
fühl ich mich doch dann so leer.
Also schüttle ich mein Sein,
denn ich bin ja nicht mehr klein,
lerne mich so neu kennen,
auf den Wegen in mir drin verrennen
und mich zu mir selbst bekennen.
So kann ich die neuen Wunder benennen
und werd mich niemals von meinem Chaos trennen.

WOFÜR

Wofür braucht man Regeln,
doch nur, um sie zu umgehen.
Wofür braucht man Wege,
wenn man auch querfeldein kann gehen.
Wofür ein Warum,
wenn man hat das Wofür
und sie nicht sieht, die geschlossene Tür.
So bin ich selbst mein Talisman
mit Kompass im Herzen
und vielen wilden Scherzen.

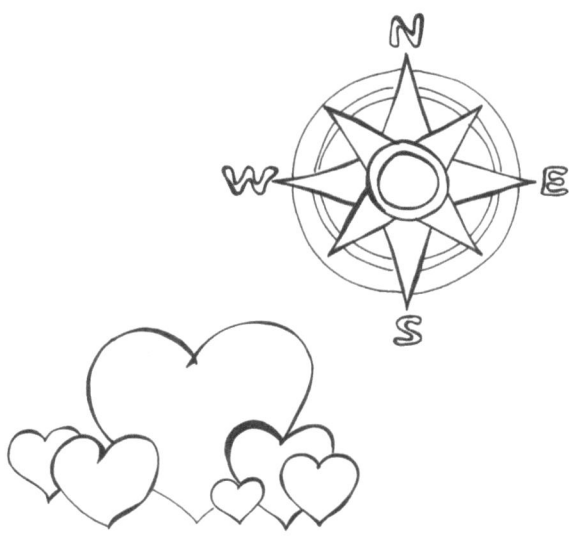

NARBEN

Wenn der Segen schief hängt,
die Tücke im Detail steckt
und die Freude an der Pflicht verreckt,
wird es Zeit, alles umzuwerfen
und der Seele Platz zu machen,
damit die Lebensgeister neu erwachen.
So geschehen die herrlichsten Sachen
und es fliehen die Drachen.
Man muss nur aus der Traurigkeit erwachen,
dann heilen alle Narben schnell,
wenn die Sonne scheint ein bisschen grell,
geht es mit der Fröhlichkeit ganz schnell.

GIB NICHT AUF

Auch wenn du einmal traurig bist
und du das Lachen so vermisst,
gib dich selbst nicht auf,
geh einfach wieder raus!

FLASCHENDREHEN

Lasst uns wieder Flaschen drehen,
dann werden wir einander verstehen.
Wir lachen, wir weinen,
sind das, was bleibt,
wenn unser Leben Geschichte schreibt.
Wir lieben und wir leiden,
wenn wir Frohsinn verbreiten.
Wir hoffen und schreien
und sind manchmal allein,
doch wir sind nie gemein,
und immer zu zweien.
Wir sind das, was bleibt, wenn die Welt es zu bunt treibt,
das hat die Vergangenheit der Zukunft gezeigt,
auch wenn sonst alles schweigt.

44

AUS UNTEN WIRD OBEN

Wenn das Unterste zuoberst liegt
und in der Ordnung herrscht der Krieg,
wird etwas vollkommen Neues entstehen
und man kann dem Schrecken des Alten entgehen.

JETZT ERST RECHT!

Jetzt erst recht,
auch wenn jeder andere meint,
es wird schlecht.
Reiß ich meinen Mut zusammen,
denn eurer ist ja ausgegangen,
mich hält niemand mehr gefangen,
ihr könnt ganz alleine bangen,
von nun an ist mein Himmel nicht mehr verhangen,
denn ich kann das Glück meines Lebens erlangen.

DIE ZEIT ALS FREUND

Wenn du wartest, bemerkst du,
dass die Zeit sich rückwärts dreht
und nur ganz langsam vergeht.
Deshalb lebe im Moment,
dann wird dir das Warten fremd.
Die Geduld wird so einziehen
und die Ungeduld von dannen gehen.
Alle Hast wird ganz weit fliehen,
so wird die Zeit zu deinem Freund
und du wirst nichts mehr bereuen.

48

DIE MELANCHOLIE
VERTREIBEN

Mit Melancholie stirbt des Lebens WIE
und das WARUM wird ganz stumm.
Durchsichtig wird so der Lebenssinn
und man bekommt nichts mehr hin.
Lasst uns die Melancholie vertreiben,
dann können wir selbst bei uns bleiben
und des Lebens Geschichte schreiben.

DAMALS

Wo führt uns das Leben hin?
Was ist des Seins tiefster Sinn?
Wie war es, als Pusten noch half und es Drachen gab?
Da hielten wir uns noch gegenseitig auf Trab.
Damals, als aus Wünschen noch direkt Wunder wurden.
Als man in Seifenblasen noch die Zukunft sah.
Damals wurde so manches Wunder wahr!

MEINE FEHLER

Jeder meiner Fehler hat mich bis hierher gebracht,
drum pass ich auf jeden neuen Fehler acht,
haben sie mich doch in Summe sehr weit gebracht
und geben immer auf mich acht.
Sie sind sehr bedacht,
dass ich noch weitere mach,
damit mein Chaos sich entfacht
und das Glück der Welt mir lacht.

ALLES,

WAS ICH VERMISS

An ALLES, was ich vermiss,
das Gefühl der Traurigkeit ist nicht gewiss.
Es ist nur ein nicht vollkommen sein,
doch nur so kann was Neues rein,
deshalb lass nie das Vermissen sein,
damit die Zukunft kommen kann,
denn irgendwann,
kommt das neue Morgen dann
und alles wird anders, als es begann.

ERKENNTNISSE DES ZWEITEN STREICHS ...

WIE oft ist aus Deinem Lebenschaos schon Dein Lebensglück geworden und hat vertrieben all die Sorgen?

Schreib die so entstandenen Lebensglücke auf, dann nimmt die Ordnung im Chaos ihren Lauf, denn von nun an geht´s BERGAUF!

. . . .

. . . .

. . . .

. . . .

. . . .

. . . .

. . . .

. . . .

. . . .

. . . .

. . . .

. . . .

. . . .

. . . .

. . . .

. . . .

. . . .

. . . .

. . . .
. . . .
. . . .
. . . .
. . . .
. . . .
. . . .
. . . .
. . . .
. . . .
. . . .
. . . .
. . . .
. . . .
. . . .
. . . .
. . . .
. . . .
. . . .
. . . .
. . . .

DRITTER STREICH ...

Wenn man weiß, dass sich aufgeben nicht lohnt, und man die Gewissheit in sich trägt, dass in jedem Chaos eine neue Ordnung schläft, hat man ein weiteres Rätsel des Lebens gelöst.

KOMM UND LASS EIN NEUES GEHEIMNIS REIN, DANN HILFT ES DIR BEIM GLÜCKLICHSEIN.

Mein Leben soll ein **Roman** sein, in dem ich **Nach den Sternen greifen** kann. Ich werde **Kopfüber hängen**, **Dem Teufel die Hörner klaun** und die **Ordnung des Chaos** genießen.

Denn **Nur das Chaos kann's**, **Das Chaos ist bunt**, **Nur ein Blick** genügt, es zu erkennen. **Dazwischen** gibt es **Die Enge** nicht mehr und alles, was bleibt, ist **Das Kribbeln** im Bauch.

ROMAN

Mein Leben will ein Roman sein,
keine bloße Geschichte,
von der man nur mit Langeweile berichtet.
Die Seiten meines Lebens wären so nicht vergebens,
sie würden von Verrücktheiten berichten
und die schönste Poesie erdichten.
Sie würden mit Spannung erzählen
und auf jeder Seite ein Wunder erwähnen.
Niemand würde beim Lesen gähnen,
mein Roman würde nie enden
und alles in eine glückliche Fügung wenden.

59

NACH DEN STERNEN
GREIFEN

Ich fühl mich in mir zu Haus,
da will ich niemals mehr raus.
Will nicht wieder spielen mit gezinkten Karten,
kann der Welten Spiel abwarten.
Der Mond scheint auf meine Haut,
alles ist mir so vertraut.
Warum hab ich mir zuvor so viel verbaut,
damit hab ich mir so viel versaut.
Jetzt wird alles anders werden,
denn ich kann greifen nach den Sternen.

KOPFÜBER HÄNGEN

Wenn die Tage kopfüber hängen,
musst du nur die alten Ketten sprengen,
dich auf eine neue Reise begeben
und endlich wieder anfangen zu leben.
Beginne mit dem Tanzen,
überschreite alte Schranken,
betanke dich mit Mut,
dann wird alles wieder gut!

DEM TEUFEL DIE HÖRNER KLAUN

Jeder kann etwas Gutes tun,
denn die Gedanken machen gegen das Böse immun.
Den nächsten Schritt wagen, ohne zu verzagen.
Mit frischem Mut nach vorne schaun
und dem Teufel die Hörner klaun.
Sich nicht verängstigen lassen
in den dunklen Lebensgassen.
Sich das eigene Licht sein,
dann ist man im Leben nicht allein
und es kommt nur Schönes rein.

62

ORDNUNG DES CHAOS

Die Ordnung braucht Chaos, um neu zu entstehen,
damit alle alten Probleme vergehen.
Das Leben braucht Neues, Verrücktheit und Luft,
damit es nach dem Schönen ruft.
Hab nie Angst, dich ins Ungewisse zu stürzen,
nur so kannst du dein Sein neu würzen.
Fang an, das Chaos zu lieben,
dann wird in dir der Mut immer siegen
und du wirst neue Chancen kriegen,
so kannst du dich in Freude wiegen
und lernst über den Wolken zu fliegen.

NUR DAS CHAOS KANN'S

Ich danke dem Chaos
und genieße es ganz,
denn nur das Chaos in mir kann´s!
Es wird immer neue Phantasien entwickeln
mit Kreativität ein Kunstwerk krickeln,
ein Feuerwerk der Sinne wagen
und meiner Verrücktheit Ideen ertragen.

DAS CHAOS IST BUNT

Das Chaos ist bunt,
das Chaos ist rund
und hält nie seinen Mund.
Es tut der Welten Wahnsinn kund,
hat immer ´nen positiven Befund,
wenn´s ums Kreative geht,
es über allen Dingen steht
und wird von dort vom Wind verweht,
auf dass das Chaos nie vergeht.

NUR EIN BLICK

Ein Blick zurück,
ein Blick nach vorn,
das alles ohne Zorn;
dafür sind wir hier geboren,
wäre es anders, wären wir verloren,
so hatte es sich der Meister auserkoren.

DAZWISCHEN

Zwischen Chaos und Ordnung,
zwischen Meerjungfrau und Fee
ich die Welt mit anderen Augen seh
und mein eignes Sein versteh.
Zwischen den Bergen liegt mein Meer,
das freut meine Verrücktheit sehr,
hat doch mein Stil die Vernunft vergessen
und meine Engelchen das Teufelchen gefressen.
So bin ich von den Wundern ganz besessen
und liebe meine Welt als Scheibe,
ist sie doch die schönste Bleibe,
die ich fürs Spiel des Lebens kenn.
So leb ich zwischen Blumen und Fischen
in meinem schönen Paradies,
wo ich mit Seetang in den Haaren meine Blumen gieß,
auf dass das Leben überfließt!

DIE ENGE

Immer dann, wenn´s eng wurde,
wurde es in Wirklichkeit erst weit
und man hatte viel mehr Zeit,
wieder in den Fluss zu kommen,
nichts wird nur mit Ernst genommen,
sondern es wird schnell geschwommen,
in des Lebens weitem wilden Sein
heißt es nur, dabei zu sein,
der Eingang wird ´ne Enge sein,
doch einmal durch,
bist du daheim.

DAS KRIBBELN IM BAUCH

Da ist es wieder,
dieses Kribbeln im Bauch,
meine Seele fühlt es auch.
Sie kann das Leuchten in meinen Augen sehn
und es wird nie mehr vergehn.
Immer wieder dieses Kribbeln im Bauch,
diese alten wilden Lieder,
alles kommt immer wieder
und fährt in alle meine Glieder.

ERKENNTNISSE DES DRITTEN STREICHS ...

HAST Du das Geheimnis des Chaos erkannt, ist alle Gefahr direkt gebannt.
Erfasse Dein eigenes Geheimnis hier, denn es ist des Chaos heimliche Zier.

. . . .
. . . .
. . . .
. . . .
. . . .
. . . .
. . . .
. . . .
. . . .
. . . .
. . . .
. . . .
. . . .
. . . .
. . . .
. . . .
. . . .

VIERTER STREICH ...

Spürst Du dieses Kribbeln im Bauch, wenn sich aus Deinem großen Lebenschaos eine wundervolle neue Ordnung gebildet hat?

SCHAU DAS BUNTE CHAOS AN, DANN KOMMST DU AUCH VORAN. AB HIER KOMMEN MEINE LETZTEN CHAOS-ORDNUNGS-GEDICHTE VON MIR ZU DIR.

Wenn Du **Das Spiel** und seine **Lektionen** verstanden hast, wirst Du mit ganz viel **Lebensglitzer** der **Gewinner** sein.

Du wirst durch den **Wandel Die Schönheit im Leben** genießen und einen neuen **Heimathafen** finden, der zu Deinem **Paradies** wird.

Nutze die **Wegbeschreibung**, nur so kannst Du **Über dem Chaos stehen**. **Mein Strand** der Poesie wird Dir immer ein Zufluchtsort sein, wo Du **Das Leben feiern** kannst.

DAS SPIEL

Komm und spiel mit mir,
lass uns ein großes Durcheinander wagen,
dafür brauchen wir nicht Gott zu fragen.
Er hat uns diese Möglichkeit geschenkt,
damit man seine Chance erkennt
und sich nicht länger in die Langeweile verrennt.

LEKTIONEN

Das Leben ist ein Feuer,
es brennt und es wärmt,
von ihm hat noch jeder seine Lektionen gelernt.
Versuch dies Wissen zu nutzen,
lass dich ein auf das Spiel,
dann kommst du an des Lebens Ziel.

LEBENSGLITZER

Vergiss nie, wo du herkommst,
denn aufgeben ist nicht deine Art,
hast dir doch immer so viel Hoffnung bewahrt
und damit den Glitzer fürs Leben parat.

GEWINNER

Vielleicht wird es das hier nur einmal im Leben geben,
wenn sich alles in mir dreht
und die Zukunft vibriert,
so dass das Problem erfriert.
Doch bevor es gut wird,
wird´s ein großes Chaos sein
und da muss ich mittenrein,
denn nur so kann ich der Gewinner sein.

WANDEL

Alles lag im Schatten,
war verwandelt und entzwei,
da kam die kleine Fee herbei
und ich fühlte mich wieder frei.
Alles wurde hell und klar,
endlich war mein Ziel ganz nah
und meine Seele wieder da.

DIE SCHÖNHEIT IM LEBEN

Meinem Schutzengel ist nichts zu viel,
er kennt seit Jahren dieses Spiel,
dafür brauchen wir kein Ziel.
Haben die Freude in der Hand,
sprühen Fröhlichkeit an jede Wand,
bringen uns gegenseitig um den Verstand
und gehen immer Hand in Hand,
so hat der eine den anderen erkannt
und dadurch die Gefahr gebannt.

HEIMATHAFEN

Meine Seele ist hier nicht mehr erwünscht,
doch die Welt hält ihre Arme offen
und lässt mich wieder weiter hoffen.
Noch ist Chaos in mir drin,
doch ich suche neuen Sinn.
Werde einen neuen Heimathafen finden
und von dort aus
wird mir alles gelingen,
so werde ich die Welt zum Lachen bringen.

PARADIES

In mir lebt ein Paradies,
alles ist zuckersüß; mit einem Märchenwolkenwiesengrün
wollen täglich neue Wunder einziehen.
Es ist ein Feuer an,
das Funken sprüht
und immer tiefer weiter glüht.
Die Liebe schaut zum Fenster raus
und geht niemals wieder aus,
das Lachen kommt durch jede Tür,
da hat der Sinn meines Lebens sein Wofür,
er kennt nun jegliches Warum,
und alle Pessimisten schauen dumm.

WEGBESCHREIBUNG

Erst rechts abbiegen,
dann die nächste links
und fliegen bis zum Horizont, ganz gekonnt.
So bin ich meine Sehnsucht, meine Hoffnung und mein Schicksal,
denn ich selbst hab die Wahl,
meine Wege zu benennen,
mein Glück zu erkennen
und alles Negative zu verbrennen.

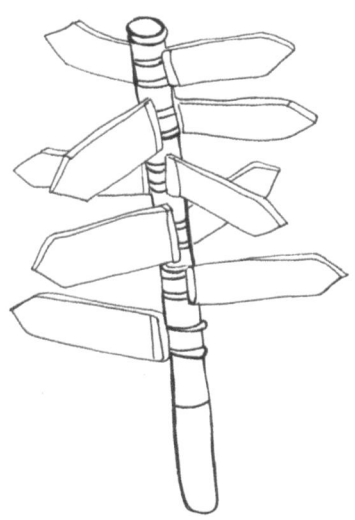

ÜBER DEM CHAOS STEHEN

Wenn alles in Schutt und Asche liegt,
dein Sinn vor Tränen sich verbiegt
und die Lebenslust versiegt,
musst du nach den Sternen greifen
und sie neu stellen, deine Weichen,
musst über dem Chaos stehen,
dann wirst du die beginnende neue Ordnung sehen.
Lass deinen siebten Sinn die Chance im Chaos erkennen,
die alten Probleme verbrennen
und das Glück beim Namen nennen.
Hol das Lachen in dein Leben zurück
und lass die Sonne wieder rein,
dann fühlt die Seele sich daheim
und das Leben ist nicht mehr gemein.

MEIN STRAND

Ich bin durch Täler gelaufen,
um die Berge zu sehen.
Blickte hinter die Kulissen,
um mich selbst zu verstehen.
Bin angekommen an meinem Strand,
die Gefahr der Traurigkeit gebannt
und mich endlich selbst erkannt.
Nun kann ich wieder träumen,
das Leben genießen
und lass den Fluss des Lebens fließen.

DAS LEBEN FEIERN

Kommt, lasst uns unser Leben feiern,
auch noch mitten unter Geiern.
Lasst uns den Moment erleben
und das Leben in uns beben,
so können wir über den Dingen schweben
und uns neuem Frohsinn ergeben.
Dann hält uns nichts mehr zurück,
so wird das Leben ganz verzückt verrückt!

ERKENNTNISSE DES VIERTEN STREICHS ...

WIE fühlt es sich für Dich an, jetzt, wo Du in jedem Chaos den Neubeginn einer Ordnung erkennen kannst?
Schreibe Deine Gefühle nieder, dann kommen Sie mit Freude wieder.

. . . .
. . . .
. . . .
. . . .
. . . .
. . . .
. . . .
. . . .
. . . .
. . . .

SCHLUSSHOFFNUNG

Ich hoffe,
dass Du von nun an hinter jedem Chaos
eine Chance erkennen kannst.
Denn diese Möglichkeit der Chance konnte nur
durch das ganze Durcheinander entstehen.
Lern sie zu nutzen
und freu Dich über die geheimen Optionen,
die im Tohuwabohu des Lebens schlafen.
Erkenne die neuen Wege
und genieße jedes Chaos als Abenteuer
der entstehenden Neuordnung.
Bis bald im Land des Feder-Fell-Schuppigen-Glücks
unserer Tierfreunde ...

Wundertütenpoet

Besuche mich auf

www.wundertuetenpoet.de